# 카리타스

권수애 시집

호맥

권수애 시집

# 카리타스

## 시인의 말

아기가 태어나 자라서 첫발을 떼려고 할 때
두렵고 망설여서 쉽게 발을 떼지 못합니다.
지금 저도 그런 마음으로 첫 시집을 내면서
두려움과 함께 설렙니다.
긴 여름이 서서히 가고 가을이 문틈 사이로 들어오듯
시 친구도 제 마음을 비집고 들어와
울리고 화내고 웃고 저를 널뛰게 하는 아이지만
꽃과 하늘과 바람이 해 줄 이야기를
기대하며 아직 많이 서툴지만
이 아이와 함께 용기 내 밖을 향해 나갑니다.
이 아이가 자라면 저도 자라고 철이 들면 같이 들어가겠죠?
어떤 모습으로 자라날지 아무도 모르지만
꽃이 벌에게 꿀을 나누듯 마음에 사랑이 차고 넘쳐서
이 사랑을 누구에게나 나누어 주기를 바랍니다.

2024년 가을비 내리는 밤에
시인 **권수애**

권수애 시집 / 카리타스

시인의 말

# 1부 별을 안고 핀 벚꽃

12 별을 안고 핀 벚꽃
13 손안에 봄
14 나만의 세상
15 꽃샘추위
16 이슬
17 눈빛
18 네잎클로버
19 늦여름으로 온 친구
20 태풍의 꽃잎
21 여행
22 구름 비행기
23 천사의 아기똥
24 시가 오다
26 다시 온 봄
27 백지 사랑
28 소리가 꽃을 피우다

## 2부 비밀의 바다

30 비밀의 바다
31 겨울
32 화가 난 하늘
34 대머리 산
35 눈 내리는 그림
36 눈꽃
37 찜통
38 하얀 겨울
40 아기 손
41 가을맞이
42 군밤 사랑
44 짝 잃은 카네이션
45 장마 얼굴
46 바람의 행복
48 첫눈에 맺힌 얼굴
49 태풍의 눈

## 3부 성에 갇힌 공주

52 성에 갇힌 공주
54 미래 속 과거
56 딸기
57 엄마 얼굴
58 사랑
59 커피
60 술래잡기
61 놀러 온 햇살
62 비가 아프다
63 민수 오빠
64 어머니와 가로등
66 눈부처
67 산이 된 그
68 전화
70 풋사랑
72 가슴에 박힌 유리 파편들

## 4부 빛 속에 묻힌 화분

74 빛 속에 묻힌 화분
75 흑백 사진의 길을 지나다
76 보글이 머리
78 아이가 되다
80 마음잡은 바람
81 하얀 도화지의 지렁이
82 하루
84 자선냄비
86 나는 나에게
87 삼탱이
88 커피 속에
90 행복 속 행복
91 조각구름
92 마을버스
94 마른 나무
96 시간을 걷는다

# 5부 카리타스

100 눈이 그림을 그리다
101 건너간 다리
102 찻잔
104 꽃의 인사
106 구름 기억
108 아기 봄
109 나를 바라본 별
110 아픈 11월
111 아기 새
112 별 꼬치
113 밀당의 아침
114 벽과 벽
115 나이테에 대하여
116 속초로 가다
117 이름은 입 속에 있다
118 카리타스

# 1부
## 별을 안고 핀 벚꽃

## 별을 안고 핀 벚꽃

가시에 박히고
칼에 찢김을 견뎌내며
그 자리에 서 있는 나무

얼음에 얼어붙고
불에 타는 몸부림
다 이겨내고
그 자리에 우뚝 선 나무

온몸에 상처뿐이지만
깊숙이 간직해 온 것
뿌리부터 힘겹게 올라온 꿈
하늘 향해 고개 내밀며
하나의 꽃으로 태어나고 있다

하늘의 별이 되고 싶어
나뭇가지에 매달린다

## 손안에 봄

아기 볼을 만지듯
얼어붙은 나무를
살포시 만지고 가면
나무에 핏기가 돌 듯
파릇파릇 초록 물감들이
방울방울 맺히고 있네

병아리를 만지듯
뻣뻣이 굳은 몸을
살며시 만지고 가면
온돌방에 열기가 돌 듯
알록달록 색색 물결들이
몽글몽글 피우고 있네

내 가슴에도 파란
꿈과 소망들이 샘솟듯
고개를 내밀고 있네

## 나만의 세상

아카시아 꽃향기가 살금살금 다가와
코끝을 노크를 하네

자동차 창 너머 단풍잎 손짓에
내 마음에도 알록달록 물이 드네

차 향기에 어릴 적 추억들은
가슴에 그림을 그리고 있네

카메라 앞에 홍당무가 된 얼굴로
김치를 외쳐 보네

타향이 되어버린 고향
흑백 TV가 되어 있네

파란 바다 춤을 추듯
파도는 노래를 부르네

하얀 백사장 위에 앉아
나만의 모래성을 지어 보네

## 꽃샘추위

작은 봉오리
소중한 꿈 꼭 쥐고
쌩 쌩 쌩
겨울바람 이겼네

살랑살랑 불어온 바람
간직해 온 꿈 살포시 펴 보네

휭 휭 휭
시샘 내는 바람
작은 꿈 방해하네

그래도 그래도
작은 봉오리 예쁜 꿈
몽글몽글 피우네

## 이슬

누가 볼까 봐
새벽안갯속
숨어든
아침이슬 풀잎에
살며시 앉아
친구를 기다리네

산 너머 해님이
솟아오르면
수줍은 아기 이슬
반가이 맞이하네

햇살이 비추면
앙증맞은 이슬
품어온
작은 꿈들이
예쁜 보석이
되어 빛나네

## 눈빛

장밋빛으로 빨갛게 물든
벽돌같이 단단하지만
보들보들한 마음을 가진 너
나를 자극하는 새콤달달한
향기
비바람 속 간신히
매달리고 있는 너
수애야, 장애인으로
살면서 많이 힘들었지
그럴 때마다 나를 한 번 더,
쳐다보렴,

## 네잎클로버

비바람이 할퀴고 간 자리
상처를 안고 혼자 긴 밤을
보내지

살 속에 깊이 박힌 가시처럼
밤은 상처 속에 들어와
한 몸이 되어 가고

햇살에 비친 따스함이
그 자리에 앉아 입김을
불며 분홍빛 봉오리 수줍게
올라오지

상처 속에 핀 꽃은
또,
나의 행운이 되고
하나의 꿈이 되어
자리 잡는다

## 늦여름으로 온 친구

하나하나 희끗해지는 머리
기억은 먹구름 껴안은 듯
흐릿해진다

군데군데 삐거덕거리는 다리
글자들은 아지랑이가 되어
춤을 추고 있다

여기저기서 아우성치는 병원
봄나들이 나온 병아리
하지만 점점 낡은 시계가
되어 간다

어느덧 찾아온 중년
이젠 같이 갈 손님
오늘도 천천히 나란히 걷고
뛰고 있다

## 태풍의 꽃잎

살랑살랑 아기 바람
누구도 봐주지
않는 아기 바람

혼자,
혼자서 노는 바람
그래서
화가 난 아기 바람

모든 것을 날려 보낸다
집도 나무도 동물도 새도

땅에 붙은 작은 꽃잎은
그냥
그 자리에 있다

## 여행

나는 여행을 가본 적이 없네

여행이란 두 글자
언제나 나를 설레게 하네

나의 몸과 생각이
따로 놀고 있네

생각은 저 넓고 넓은
바다에 가 있지

내 몸은 나를 놔두지 않네
봄바람은 꽃잎을 입혀 주며
나를 이리저리 흔들고 가네

아!
여행
두 글자

## 구름 비행기

발코니 창에 기대
하늘을 보네

내 마음은 이미
구름 비행기를 타네

어디로 갈까?
내가 가보고 싶은 곳
바다로 갈까?
제주도 갈까?
아님, 미국으로 갈까?
생각하네

정말 가고 싶은 곳은
아빠, 오빠가 계신 곳
하늘나라 가보고 싶네

사이좋게 지내는지
예수님은 어떤 분이신지
궁금하네

## 천사의 아기똥

밤새 산수유나무에
아기 똥이 걸렸네

하늘 문 열고
천사와 아기들은
별을 타고 내려와
재잘재잘
웃음꽃 피우네

산 너머 해님이
고개를 내밀면
천사와 아기들은
달을 타고 올라가네
놀고 간 나뭇가지에
노오란 구슬이
향기를 피우네

## 시가 오다

어느 날 시가 나에게 다가와
친구 하자고 했지
그 친구에 대해
아무것도 모르고 친구를 했네

서먹한 채 긴 세월을 보내고
하나하나 알아 가고 있지

그 친구는 나에게 꿈을 꾸라 하네
꿈속에서
꽃도 나비도 산도 바다도 되고
비도 구름도 눈도 하늘도 돼보라고

비행기도 우주도 되고
날개 달아 천사도
육상선수도 돼보라고

매일 꿈을 받아주지
때론 꿈꾸기 힘들어할 때
투정할 때 한없이 기다려 주는 친구
그 친구를 통해 세상을 보고 또 우주를 보네

시는 나에게 꿈꾸라 하네
약이 되는 꿈을

## 다시 온 봄

봄 봄 봄이
세상으로 왔다
세상이 축제로
살랑살랑거린다

봄 봄 봄이
내 마음에 왔다
내 마음도 세상 따라
살랑살랑거리고
꽃과 나무를 입는다

나는 꽃과 나무를 입고
여행을 가본다

아무도 가보지 못한 곳
나만의 세계로
살랑 살랑대면서

# 백지 사랑

하얀 마음에
담는 사랑
사랑하는 이의
마음은 잔잔한
숨결이 일어납니다
눈 속에
그의 모습을 담고
눈 속에
그의 행동을 담고
마음속에
그의 사랑을 담고
마음속에
그의 마음을 담고
백지 같은 마음에
연분홍 물감이
수줍게 듭니다

## 소리가 꽃을 피우다

산이 우뚝 솟아도 돌이 넘어트려도
오는 그 길

눈바람 비바람에 뒤로 밀려가도
먼 그 길

겨우내 나무에 숨어 자던 꽃망울
곰틀곰틀거린다

살금살금 들어와 흔들어
꿈틀꿈틀 깨우는 등불

나 역시 오직 그 길을 간다

# 2부
비밀의 바다

## 비밀의 바다

꽃 피우는 아지랑이
이마를 타고 흘러내린
구슬땀

세숫대야에 얼굴을 담그면
대롱대롱 매달린 방울은
화들짝 놀라 스르르
사라진다

발목을 적시면
몸으로 들어오는
서늘한 바람

바다로 가고 있다

눈을 감으면서

나만의 바다로

## 겨울

머리 위에 하얀 서리가
내리네

얼굴에는 물기 없는 논처럼
쪼글거리네

앨범 속 엄마는
새색시처럼 고운
엄마였네

그리
고운 얼굴은
어느새
겨울이 와 있네

아직도 내 눈엔
사진 속 엄마이네

## 화가 난 하늘


우르르 꽝꽝
화가 난 하늘은
밤낮으로
펑펑 울고 있네

번쩍번쩍 쿵
화가 난 하늘은
한없이 한없이
토하고 있네

아픔도 슬픔도
그렇게
울고 또 울었네

밤새 토해낸
하늘은 시원한
바람을 맞네

파아란 하늘은
어린아이처럼
깔깔 웃네

내 마음도
따라 웃네

## 대머리 산

가을 산은
알록달록
염색을 하지요

산은
우쭐우쭐
뽐을 내고요

바람이 샘나
머리를 뽑고
달아나네요

머리 빠진 산은
오돌오돌
하얀 모자를 쓰지요

# 눈 내리는 그림

하얀 눈이
소복이 쌓이네

창밖 너머로
도화지 위에
그림이 그려지네

산새가 찍어둔 삼지창
기차 지나간 길
동네 아이들 따라
바둑이도 그리네

눈사람도 서로
앞장을 서네

창문으로 들어오는
맛있는 냄새
아이들 따라
눈사람도 가네

## 눈꽃

까아만 하늘 문 열고
쓸쓸한 나뭇가지 위에
소복소복
새하얀 벚꽃이
피네

산새들 날아와
벚꽃이 아니라
겨울꽃이야
곧 봄이 오잖아
이야기 나누네

산짐승 들짐승
하나둘 모여들어
산새들 이야기 듣네

봄이 오는 이야기를
나도 살금살금
다가가
이야기를 듣지

봄이 오는 소식을

## 찜통

더워 더워
노래를 부르네

얼음을 안고
찜통 속에 있네

매일매일
땀으로 목욕을 하네

마음과 생각은
다 하지만
몸은,
그냥 그 속에
더워 더워
노래를 부르네

찜통 속 세상은
나를
그렇게 묶어 버렸네

## 하얀 겨울

눈길을 걸으며
사그락 사그락
소리가 나를
따라오네

눈길을 걸으며
스그락 스그락
발자국 나를
따라오네

뒤돌아보면
아무도 없네

내가 힘들어
주저앉을까 봐
소리도 발자국도
나를 따라오네

천천히 가도 빨리 가도
나의 걸음을 맞추어 주네

난 그 소리 들으며
세상으로 세상으로
꿈을 향해 나아가네

## 아기 손

곰지락곰지락
앙증맞고 작은
아기 손
그 속엔
엄마의 사랑이 있네

부스럭부스럭
하얀 솜털 같은
아기 손
그 속엔
아빠의 사랑이 있네

오무락오무락
사랑 쥐고
고이 잠든 아기
빙그레 미소 짓네

# 가을맞이

살랑살랑 춤을 추며
가을맞이 코스모스
바람 타고 실룩실룩
엉덩이 흔드네

나도 따라 까닥까닥
고개도 어깨도 까닥까닥

너도 나도 가을맞이
코스모스 되네

가을과 함께 온
코스모스 따라
나도 가네

바람 날개 달고
나도 가네

## 군밤 사랑

타닥 타닥 딱
소리에 돌아보니
군밤이 앗 뜨거워
하네

쌔앵 쌔앵
소리에 귀를 막으니
쇼올 쇼올
군밤 굽는 냄새가
맛있다 하네

엄마 얼굴 생각나
얼른 사네

꼴깍 꼴깍
침 넘어가는 소리
입을 막네

엄마 얼굴 앞에 내미니
반달 입이 되네

나도 따라
행복한 반달이 되네

## 짝 잃은 카네이션


카네이션을 보니
이 년 전 그날이
다가오네

늘 두 개를 준비한
카네이션
가슴에 달아주면
자랑하러 나갔던 아빠

그날은 나가지 못했네

이제는
그런 아빠의 모습
볼 수가 없네

나는
길을 지나다가
또 카네이션을
사네

짝 잃은 카네이션을
준비해 보네

## 장마 얼굴


아침 창에 비가 똑똑
노크를 하네

커피 향을 맡으며
장마와 대화하네

스쳐 가는 생각이 나를 잡네

나의 눈에는
똑, 똑
그리움이 떨어지네

걱정이 되었던 비
이제는 그리움이 커피 향과
몸으로 들어오네

## 바람의 행복

봄바람이 나무에 불면
파릇파릇 작고 작은
꽃잎이 피어나지

그래서
봄바람은 생명 바람이네

여름 바람이 바다에 불면
파란 파도 시원하게
더위 가지고 가지

그래서
여름 바람은 시원한 바람이네

가을 바람이 뭍에 불면
황금빛 물결 부리고
나무에 알록달록 구슬 달아주지

그래서
가을 바람은 풍성한 바람이네

겨울 바람이 세상에 불면
온돌방에 옹기종기 모여
재잘재잘 이야기 주지

겨울바람은 따뜻한 바람이네

나도
행복 바람이 되고 싶네

## 첫눈에 맺힌 얼굴

소폭 소폭
첫눈 오는 소리
문득 얼굴 하나
보이지

소리 없이
떠난 그 사람
그때도
소폭 소폭

아침에
첫눈 맺힌 얼굴
그 사람 소리로 왔네

창 사이로
커피 한잔 두고
그와 마시네

첫눈으로 간 사람
첫눈으로 왔네

눈과 눈 사이로

# 태풍의 눈

커져가는 밤은 깊은
시간이 되어 흘러간다

절벽 끝에서 태풍을 견디는
아기 새, 검은 그림자로
눈을 감는다

아기 새는 어미의 눈 속으로
들어온다

멀리서 가슴으로 내린 비
손끝은 핏빛으로 흐르고 있다

하나하나 쌓이는 감정들
짙어져 간다

# 3부
성에 갇힌 공주

## 성에 갇힌 공주

보도두 보도두
눈이 쌓이면
나는 성에 갇힌
공주 아닌 공주 되네

나가고 싶지만
나갈 수 없네

바람과 눈이
나를 잡고

나는 뛰고 싶지만
다리가 마음과
따로 노네

한 폭 한 폭
앞으로 나가면
내 몸은 나무가 되네

창 너머로 하얀
눈꽃이 나무마다

피고

그 속에
나는 성에 갇힌
공주가 되어 보네

폴짝폴짝
개구리가 나올
봄을 기다리며

## 미래 속 과거

나는 오늘도
미래를 걸어가네

항상 미래를 보며
앞으로 앞으로
가고 또 가네

앞일에 무엇이 있는지
어떤 어려움이 있는지
기대 반 설렘 반 나는 그렇게
또 걸어가지

생각해 보면
나는 미래가 아닌
과거로 걸어가는 것
미래로 간다지만
과거를 지나고 있는 것

나는 나를 두고
앞으로 가지
언젠간 내 미래에서

지나온 모습을 만나겠지

그날이 오면 나는 나와
이야기해 봐야지
미래의 나와 과거의 나의
모습을 꿈꾸며

## 딸기

빨간 주근깨 얼굴
무엇이 그리 부끄러워
초록 모자 눌러쓰고
잎에 대롱대롱 매달려
숨어 있네

해님이 보면
더 빨개지는 얼굴
그건 아마
짝사랑을
해서네

잎 사이사이
아무도 모르게
님을 생각하며
아름답고 소중한
짝사랑을 키우네

## 엄마 얼굴

고이 잠든 엄마 얼굴엔
슬픔이 있네

웃고 있어도 웃음 뒤에 감춰진
슬픔이 있네

일을 하다가도
기도를 하다가도
눈가에 촉촉이
그리움이 맺히네

하늘나라 떠난 아들 생각에
눈을 감는 엄마 얼굴

세월아
바람아
슬픔 갖고 가라

계절아
시간아
상처 갖고 가라

웃는 엄마 얼굴 보게

# 사랑

사랑은 같이 밥을 먹는 것
서로의 입맛을 맞춰 주고
싫어하는 것을
조금씩 알아 가는 것

사랑은 같이 마주 바라보는 것
서로의 단점과 아픔을 안아주는 것

사랑은 한쪽
눈과 귀를 막는 것
좋은 것 보고
좋은 말 듣고
많이 참아 주는 것

그래서
사랑은 내가 아닌
네가 되어 가는 것

# 커피

살금살금
커피 향이
코끝으로
들어온다

유혹하는 향
마셔보라고

나를 살포시
안아 커피 고향으로
이끄는 향

나는 내가 아닌
커피가 된다

## 술래잡기

잡고 싶어도
달팽이가 되어 가는 손

구름 속에
나오지 않는 해처럼
글자들은 숨바꼭질하고

얽히고설킨 머릿속은
빙글빙글 돌지

언제쯤
생각과 손은 한 몸이
될 수 있을까

## 놀러 온 햇살

가시는 비죽비죽 매달린
장미 한 송이 지켜주고 있네
나뭇가지에 있는 나비 한 마리
손짓을 하며 꿀벌을 부르고 있네
다리 밑 시냇물이 장단을
맞추어 춤을 추네
라디오에 나오는 봄노래
봄꽃이 되어 흘러나오네
마당에 들어선 햇살 아래
아이는 새근새근 자고 있네
바람을 따라온 봄나무 들에도
봄을 입히고 우리의 마음에도 입히네
사탕 하나에 울고 있는 아이
반달 입이 되어 환하게 비추고 있네

## 비가 아프다


저 멀리서 들려오는 아빠의 발자국 소리
한 손에는 늘 소주 한 병 춤을 추듯 들고 왔다
누구랑 싸움을 했는지 얼굴이 온통 붉었다
이놈의 집구석, 하며 밥상은 뒤집어졌고
숟가락 젓가락은 여기저기 날아가고
전쟁은 계속되고 있다
바닥에는 알 수 없는 그림들이 그려지고
깨진 유리잔에 엄마의 손은 피범벅이 되었다
우리들은 엄마 등짝에 붙어 울고 있다
술 가져와, 술,
아빠의 잠꼬대는 여전히 들리고
계속되던 장마
비와 함께 하나하나 흘러가는 그 시간들
아빠가 계신 그곳으로,

## 민수 오빠

배고파서 우는 동생들을
업어 주면서 키워 주었다
아빠의 사업 실패로
살기가 찬 눈빛을 피해
우린 밤길을 택했다
내게 시계 보는 법을 처음으로 가르쳐 주었다
학교도 못 가고
먼지를 마시며 일을 해야만 했지만
늘 가난 속에서 헤어 나오지 못했다
지하 방을 벗어나려 몰래 꼭꼭 숨겨둔 내 돈
그 돈을 갖고 도망친 오빠
난 지하 방에 앉아 가슴을 치며 울고 또 울었다
핏기 없이 누워 있는 얼굴을 장례식장에서 마주했다
미움도 원망도 핏기처럼 가져간
촛불처럼 살다 한 줌의 연기로 간
그래도 내겐 따뜻한 햇살이었다
그에게 전하고 싶은 말은
내 마음속에서 늘 맴돌고 있다

## 어머니와 가로등

길을 가다 낡은 가로등 하나
새벽길을 비추어 주지
활기찬 눈으로 기운을 내라고
그 자리 그 가로등

밤길에 외로운 가로등 하나
어두운 길을 비추어 주지
안쓰러운 마음으로 힘들지 하며
그 자리 그 가로등

머리 위에 하얀 먼지가
쌓이고 쌓여도 비바람
눈보라 맞아가며
언제나 그 자리
그대로 있는 가로등

문득 가로등 빛이 어머니 되어
힘들던 하루를 위로하지
그런 가로등 보면
어머니의 사랑이 보이네

어머니 머리 위에도
하얀 먼지가 쌓이지
걱정의 먼지가
세월이 가는 먼지가

## 눈부처


엄마 등에 붙어 새근새근
잠든 아이 꿈 여행을 하지요

달 그네도 타보고 곰지락곰지락
작은 손으로 별 하나 입에 넣지요

새콤달콤 향이 입 안 가득
살그머니 스며들지요

물끄러미 바라본 엄마 눈 속에
미소 먹은 아가 얼굴 들어오지요

앵두 같은 작은 입 오물오물
눈은 초승달이 되지요

# 산이 된 그

산이 좋아
산 냄새가 좋아
기운을 받고 오르는 산

그 사람과 오르는 산
문득
온몸에 스며드는 그 사람

산처럼 살고 싶다던 말
산을 돌고 돌아 온 말

어린아이 같은 장난이 좋아
장난치던 그 사람
나를 놀리던 그 사람

지금은 없지만
산이 하늘을 감싸 안 듯
나도
그 사람을 안아 본다

## 전화

번호도 모르고
나는 전화를 걸어 본다

보고 싶은 마음에
그리운 마음에

아무도 모르게
나는 전화를 걸어 본다

듣고 싶은 마음에
애타는 마음에

뚜, 뚜, 뚜 신호만
가는 전화기

나는 걸고 또 걸어 본다

하늘나라에
아빠, 오빠에게

돌아오는 것

마음만 온다

갈 수 없는 그곳에서

## 풋사랑

사촌들은 언니의 손을 뒤로 묶고
입안에 불을 지르고 입안은 화상으로
뒤덮인 그, 날 아빠 엄마가
크게 다투었다고 했어
언니가 장애를 가졌다는 이유로 말이야

구석 자리에 앉아 말없이 창밖을 바라보고만 있어서
어느 누구도 말을 걸어주는 사람 없어서
나는 왠지 N극과 S극이 만나듯이
중력의 법칙처럼 끌려서

가만히 바라보았더니
왕방울 같은 눈을 가졌지
언니는 화사한 봄인데도
늘 검정색 옷만 입고 다녔지

슬그머니 다가가 말을 걸었지
슬픈 미소로 답하던 눈
마치 어미 잃은 아기새처럼
그저, 말없이 보고만 있었지

시간 속에 아픔과 기쁨을 우린 늘 함께하면서
언니의 옷도 점점 밝은 빛으로 물들어갔지

영자 언니를 보면서 난 생각했어
할머니가 되어서도 같이 호호하며
웃음 주름 세어 볼 수 있기를
언니와 나는 하나가 되어 갈 거야

## 가슴에 박힌 유리 파편들

용순도
흔적 따라 말없이 가고
사라진 눈에 강물이
흐르듯 메마른 들판이 밀려온다
가슴에 가시꽃을 넣어 준 바람
그 바람 안고 살아간다
또 다른 나를 위해
발자국 없이 사라져 가고 있다

# 4부
# 빛 속에 묻힌 화분

## 빛 속에 묻힌 화분

붉은 노을이 지는 것을 가만히
바라보며 노을은 안는 듯 그 속으로
들어가 한 몸이 된다

꽃을 키우고 채소를 기르던 일이
꿈들이 되고 텅 빈 속은 바람만이
채우며 갈 곳 잃은 채 하늘만 본다

그런 마음을 알고 있는 듯 발가락
잃은 비둘기는 앉아 쉬어 가고 흙은
바위처럼 딱딱하고 물기 없이 갈라진다

지금은 창가에 홀로 앉아 있지만
또 찾는 이 없어도

다시 그날을 기다려 본다

## 흑백 사진의 길을 지나다

보름달이 드는 날이면
땅에서 용암이 일어나듯
기억이 하나둘 일어났다

함박꽃이
시끌시끌하게 활짝 열린
문으로 들어오면
이야기 방들이 생긴다

흑백 사진의 길을 지나면
적막은 생각과 말을
누르고 있다

지금은

## 보글이 머리


보글보글
보글한 내 머리
라면 하나 있지

보글보글
보글한 내 머리
짜장 하나 있지

군침 도는
내 머리
먹고 싶은
내 머리

밤새 누구랑
싸웠는지

자고 일어나 보면
수세미가 위에
있네

자고 일어나 보면

폭탄이 위에
있네

그래도
엄마는 이쁘다 하네
보글한 내 머리
그런 내 머리
행복한 내 머리

## 아이가 되다

깊은 뿌리처럼
소나무 같은

높은 하늘처럼
그 자리 산 같은

언제나 그런 엄마

이제는
약한 뿌리처럼
여린 나무 같고

조금만 뭐라 해도
토라지고 서운해한다

낮은 물처럼
작은 동산 같은

생각 없이 한 말에
아이로 돌아가
서럽게 우시지만

우린,
오늘도 마주 보며
웃어 본다

## 마음잡은 바람


살랑살랑 아기 바람
뺨을 살며시 스치며 지나가고

샛노란 개나리 손짓하면
유채꽃으로 물든 병아리 친구 되고

향긋한 빛깔로 나비와
꿀벌을 유혹한 꽃들

눈부신 햇살이 싱숭생숭
마음잡고 나오라 하지

이미 저 멀리 가버린 마음
나는 봄을 캐러 밖을 나서지

봄 내음 따라

## 하얀 도화지의 지렁이


하얀 도화지 위에
지렁이 기어가네

내 슬픔 싣고
내 아픔 싣고
꿈틀꿈틀 기어가네

하얀 도화지 위에
달팽이 기어가네

내 기쁨 싣고
내 고마움 싣고
살곰살곰 기어가네

도화지 세상에
알록달록
봄씨앗을 심네

# 하루

나의 하루는
기도로 시작합니다

이렇게 아름다운
아침을 맞게 해
주셔서 감사합니다

시련과 고통이 와도
좌절과 실망 대신
희망과 소망이 있게
하소서

슬픈 일이 와도
나에게 필요한 일이니
감사하는 마음으로
살게 하소서

누가 나를 놀리고
미워해도 그 사람을
미움 아닌 사랑으로
보게 하소서

힘들고 지쳐도
항상 웃는 얼굴로
상대방을 대하게 하소서

매일 이런 기도를
드리지만
나 역시
사람인지라

## 자선냄비

달랑달랑
입 벌리고 있는
자선냄비

이글이글
열 내고 있는
자선냄비

그 속엔
모래알만큼
사랑이 있네

노부부의 사랑도
아들 잃은 사랑도
아기 돌 반지의 사랑도
지나가는 사람도
그 사랑을 나누고 가네

보글보글
사랑이 끓고 있네

지글지글
우주가 끓고 있네

## 나는 나에게

나는 나에게 말을 하지
힘들면 말을 하라고

그래도
나는 못 하지
정말 힘이 드니깐

나는 나에게 말을 하지
힘들면 울어 버리라고

그래도
나는 웃지 눈물 보이면
정말 힘이 드니깐

정말 포기하고
싶을 때는 울고 있는
나를 보네

## 삼탱이

내 나이
사십삼
한 일도 없이
나이만 먹었네

참 많이 아파하고
참 많이 슬퍼하고
참 많이 화를 내고 했네

지나와 생각하면
한번 크게 웃고
지나가는 일이네

그래도
그때가 있어
지금도 있네

배부르지
않는 나이
오늘도 먹고 있네

## 커피 속에

커피 향기에
눈을 뜨고
맛에 눈을
감는다

첫 모금에
몸은 향기에
젖고
두 모금에
생각은 맛에
인생을 얻는다

때론 쓰기도
때론 달기도
때론 향긋하기도
하다

나 또한
그렇게 가고 있다

살아간다는 것

인생이라는 것
그 끝은
커피처럼 모른다

내 인생은 어디로 가는지
그 끝에 무엇이 있는지
커피와 간다

## 행복 속 행복

내 집이 있어 행복합니다

보글보글 찌개와 밥을
맛있게 먹을 수 있고
알록달록 꽃과 나무를
볼 수 있어 행복합니다

졸 졸 졸
흐르는 물소리 들을 수 있고
사랑하는 사람이 있어
행복합니다

이런 감정을 알 수 있는
마음이 있어
더,
행복합니다

## 조각구름

잔잔한 강 위에
조각구름 따다가
징검다리 만들자

해맑은 아이들
폴짝폴짝
바둑이도
폴짝폴짝

따뜻한 방에
조각구름 따다가
포근한 이불 만들자

앙증맞은 아기
새근새근
강아지도
새근새근

## 마을버스

매일매일 같은
곳을 돌아오지
같은 얼굴
같은 이야기
같은 길이지

때론

멀리 가고 싶지만
늘 생각만 하네

막상

멀리 가보면
아는 얼굴 없는
세상이 무서워
이내 돌아오지

같은 얼굴
같은 이야기
같은 길이지

이 속에서
나의 길 찾아가지

## 마른 나무

화장기 없어도
이쁜 엄마 얼굴
장갑 없이 설거지해도
이쁜 엄마 손

자식 위해
남편 위해
자기 자신한테는
투자를 모르는 엄마

그 때
나는 몰랐지

엄마의 생수를
주고 있다는 것을

지금은
가을 나무처럼
희게 물이 드는 머리

하나둘
떨어지는 나뭇잎처럼
기운도 떨어지지

아직도

나는 생수를
마시고 살고 있네

## 시간을 걷는다


추억은 하나둘씩
안갯속으로 걸어가고
나를 잊어 가지만

듣고 싶은 목소리
만져 보고 싶은 얼굴
쓰디쓴 소주와 함께 보낸
그 사람

그 속엔
별빛처럼 환하게 웃는 은수
그대로 들어 있다

서로의 안부를 묻고
몹쓸 병 얘기에 휑휑 찬바람 불고
매운 고추를 먹듯 쓰라린 가슴

콩닥콩닥 뛰는 마음 달콤한 목소리
웃음과 눈물들이 소용돌이치는 길
그곳은 정으로 물드는 골목

오늘도 나를 담아가고 있는
또 다른 나

# 5부
## 카리타스

## 눈이 그림을 그리다


창에 비친 그림은 따스한 빛을
머금고 들어온 세상

그 뒤에는 꽁꽁 얼어붙어 있는
또 다른 세상

밥통에 밥알 하나 붙어있지 않아
눈물로 얼룩진 채 그대로 잠든 아이

가시가 심장에 박힌 듯 그저
바라보고만 있는 엄마

그려지고 있는 두 세계
가만히 눈을 감아 본다

눈으로 그리기보다
마음으로 그리기 위해

## 건너간 다리

서늘한 밤
누구의 눈물인지 눈 속으로
들어온 별 하나

모르는 그리움이
그 순간 두 눈에
흘러내린다

또,
떨어지고 떨어져도
숨길 수 없는 밤하늘

오늘도
다리를 건너가는
이름 없는 별

## 찻잔

찻잔에 살아 온
이야기 타본다

동네 아이들
놀림 이야기
동생 등에 업혀
밖에 나간 이야기

빙글빙글 돌아가는
찻잔 속에 내 삶이 있다

찻잔에 걸어 온
길을 타본다

남몰래 도망 온 길
사랑한 아빠를
보내온 길

빙글빙글 돌아가는
찻잔 안에 내 길이 있다

지금도
나는 찻잔에
나의 길과
이야기를 타본다

## 꽃의 인사

나에게 인사를 하네

눈을 둥글게 뜨고 보니
코스모스꽃이네

가을이 왔다고
무더운 여름 이기고
내가 왔다고 하네

나에게 인사를 하네

귀를 쫑긋 세워 보니
가을바람이네

가을이 왔다고
힘들고 지친 여름 이기고
내가 왔다고 하네

꽃이, 바람이
나에게 말을 하네

힘들고 지쳐도
참고 참으라 하네

희망이 찾아올 때까지

## 구름 기억

쓰라린 구름 기억 저편
작은 추억 하나 조심히
꺼내 본다

혹시 깨지진 않을까
하나하나 꺼내 본다

건드리면 울 것
같은 아주 어린 아이
서 있다

시간 상자 속에
갇혀 나오지 못하고
울고만 있다

세상을 보지 못한
어리고 여린 아이를
마음 한구석에
가둬 놓은 나

앞만 보고 간

세상 속에
이제
그 아이도 같이
가 본다

이 가을에

## 아기 봄

살랑살랑
바람 타고 온 봄
치맛자락 올리고 가네

둥실둥실
구름 타고 온 봄
졸졸졸 노래 자락 주네

까르르 까르르
함박꽃 타고 온 봄
아이들 웃음 주고 가네

파릇파릇
색상 타고 온 봄
초록 물결 주네

## 나를 바라본 별


어스름한 아침

보글보글 노래하는 냄비
도마 위에선 탁탁탁
장단 맞추는 칼
군침 돌 듯 들어오는 맛
코를 자극한다

문을 열어보니 어느새
눈으로 들어오는 고춧가루로 물든 김치
주근깨가 박힌 시금치나물
물곡에서 목욕하고 있는 어묵
달달 볶은 꽈리고추와 멸치들
눈과 냄새로 먹는다

팔딱팔딱 뛰는 생선은 없지만
사랑을 먹는 하루
꿈을 키우기 위해 마음 바구니에
담아 본다

# 아픈 11월

11월 어느 날
인사 없이 간 그대
어디에 없다는 것을
받아들여야 할
나

때로는 웃고
때로는 울고
하루하루
보내는 나

시간이 약이지
난 또 그대를
안고 살아가네

언제나
그대 사랑 안고
그대와 나는
아픔을 나누며 내일을 사네

# 아기 새

새벽 창 너머로
재잘재잘
아기 새 노래
소리에 눈을 뜨네
앙증맞은 부리로
노크를 하네
오늘도 많이
덥다고 나에게
선물로 노래 부르네
작고 작은 선물이지만
내겐 큰 선물이 되네
나도 작은 새가 되어
아기 새를 따라가네
하늘 높이 높이

## 별 꼬치

별을 보고
꼬치 생각에
문득, 군침이 고이네

별을 따다
나무 꼬챙이에
하나하나 끼워
기쁨과 사랑 양념
수울술 뿌려
해님 화로에 굽네

맛있는 냄새 맡고
은하수를 건너온
봄님
앗 뜨거
하, 매워
나눠 먹네

달콤 매콤한
사랑의 별 꼬치

## 밀당의 아침

눈을 뜨는 해
아침 인사하지

이사 온 새집
베란다 창
너머 인사하지

자겠다는 나
눈을 노크하며
일어나라 하지

매일 와 집 구경
하자고 하지

커피 향을 즐기며
얘기하지

또,
우리의 하루를 알리지

해님과 함께
빛으로 물든 미래를 그리며

## 벽과 벽

성큼성큼
다가오면
눈을 감아 보지

상상의 날개를 달고
흰 도화지에 그림을
그리듯 나의 꿈
또
다른 세상을 그려 보지

미로를 그려 길도 찾고
천국에 가서 주님도 만나고
우주여행도 하지

벽 앞에서 나는
작고 작지만
그
속에서 배워 가지

## 나이테에 대하여

바람이 바뀌면 나무는
장막을 걷어내고 자식들은
떠날 준비를 한다

골을 타고 내려오는 물줄기
울음을 삼키는 목구멍
옷 한 벌씩을 입혀 보낸다

남는 것은,

꺼칠꺼칠한 피부만이
훈장이 된다

또
시간을 견디고,
계절을 견디고,
외로움을 견뎌내면서

## 속초로 가다

가을 바람이 뺨을 스치던 어느 날
내 눈길은 게시판에 머물렀다
내 마음은 바람 넣은
풍선처럼 하늘로
올라가고 있었다
비빔밥처럼 그들과 섞일 수 있을까
감정이 실이 엉키듯이
마음을 잡았다
차창 너머로 스치는 풍경들
눈은 그림을 담기에 바빴다
바람은 새색시의 고운
치마를 날리고 있다
내 눈은 가을 햇살에
구겨진 종이가 되었다
우린 시계의 작은 바늘이 되어
큰 바늘을 따라가고 있었다
상상 속에 갇혀 있었던 여행
현실이 꿈인 듯 그 시간은
흘러가고 있었다

## 이름은 입 속에 있다

하늘에 까만 커튼이 내리면
거울에 있는 나를 본다

움츠리고 입을 막는 손
나를 잡고 눈물만 흐르는
아이

세상이 무서워 그림자 되어 까만 챙이
속에 갇혀 있는 채 나를 본다

너를 불러보고 싶지만
우리는 그저 바라보고만 있다

# 카리타스

산속에서 바라본 밤하늘
유난히 반짝이는 별 하나
눈 속으로 천천히 들어온다

휭휭 바람이 불고 뼈끝이
시린 이에게 같이
할 수 있는 너는

때론,
한 줄기 따스함을 전하기
위해 몸을 태워 가루가 된 너는

가슴을 칼로 도려내듯 상처투성인
이들에게 나 역시 샘솟는 물처럼
빛이 되고 싶다

서러움이 밀려들어 오고
마음에 도끼를 품은 그런 이에게
나도 그런 별이 될 수 있다면

널 닮아보지만 아련한 꿈으로 남는다

## 카리타스
### 권수애 시집

초판인쇄 / 2024년 10월 15일
초판발행 / 2024년 10월 20일

발행인 / 김영선
지은이 / 권수애
교정·교열 / 박순
발행처 / 훈맥문학출판부
      서울시 서대문구 통일로 479-5
      등록 1995년 9월 13일(제1-1927호)
      전화 02)725-0939, 725-0935
      팩스 02)732-8374
      이메일 hanmaekl@hanmail.net

값/13,000원

권수애, 2024
ISBN 979-11-93702-12-3

\* 이 시집은 한국예술인복지재단 2024년 <신진 예술활동준비금지원사업>에 선정되어 제작되었습니다.